Min tosprogede billedbog

Mi libro ilustrado bilingüe

Sefas smukkeste børnefortællinger i ét bind

Ulrich Renz • Barbara Brinkmann:

Sov godt, lille ulv · Que duermas bien, pequeño lobo

Alder: fra 2 år

Cornelia Haas • Ulrich Renz:

Min allersmukkeste drøm · Mi sueño más bonito

Alder: fra 2 år

Ulrich Renz • Marc Robitzky:

De vilde svaner · Los cisnes salvajes

Efter et eventyr af Hans Christian Andersen

Alder: fra 5 år

© 2024 by Sefa Verlag Kirsten Bödeker, Lübeck, Germany. www.sefa-verlag.de

Special thanks to Paul Bödeker, Freiburg, Germany

All rights reserved.

ISBN: 9783756304035

Læs · Lyt · Forstå

Oversættelse:

Michael Schultz (dansk)

Anneli Landmesser (spansk)

Lydbog og video:

www.sefa-bilingual.com/bonus

Gratis adgang med koden:

dansk: **LWDA1310**

spansk: **LWES1428**

Godnat, Tim! Vi leder videre i morgen.

Sov nu godt!

¡Buenas noches Tim! Seguiremos buscando mañana.

Ahora ¡que duermas bien!

Udenfor er det allerede mørkt.

Afuera ya ha oscurecido.

Hvad laver Tim nu der?

¿Qué está haciendo Tim ahí?

Han går ud til legepladsen.
Hvad leder han efter?

Se está yendo al parque infantil.
¿Qué está buscando ahí?

Den lille ulv!

Uden den kan han ikke sove.

¡El pequeño lobo!

No puede dormir sin él.

Hvem kommer der?

¿Quién viene ahí?

Marie! Hun leder efter sin bold.

¡Marie! Está buscando su pelota.

Og hvad leder Tobi efter?

¿Y qué está buscando Tobi?

Sin gravemaskine.

Su excavadora.

Og hvad leder Nala efter?

¿Y qué está buscando Nala?

Sin dukke.

Su muñeca.

Skulle børnene ikke være i seng?
Katten undrer sig.

¿No tienen que ir a dormir los niños?
El gato se sorprende mucho.

Hvem kommer nu?

¿Quién viene ahora?

Tims mor og far!
Uden deres Tim kan de ikke sove.

¡La mamá y el papá de Tim!
Ellos no pueden dormir sin su Tim.

Og dér kommer der endnu flere! Maries far.
Tobis bedstefar. Og Nalas mor.

¡Y ahí vienen aún más! El papá de Marie.
El abuelo de Tobi. Y la mamá de Nala.

Men nu hurtigt i seng!

¡Ahora rápido a la cama!

Godnat, Tim!

I morgen behøver vi ikke at lede mere.

¡Buenas noches Tim!

Mañana ya no tendremos que buscar más.

Sov godt, lille ulv!

¡Que duermas bien, pequeño lobo!

Cornelia Haas • Ulrich Renz

Min allersmukkeste drøm

Mi sueño más bonito

Oversættelse:

Pia Schmidt (dansk)

Raquel Catala (spansk)

Lydbog og video:

www.sefa-bilingual.com/bonus

Gratis adgang med koden:

dansk: **BDDA1310**

spansk: **BDES1428**

Min allersmukkeste drøm
Mi sueño más bonito

Cornelia Haas · Ulrich Renz

dansk — tosproget — spansk

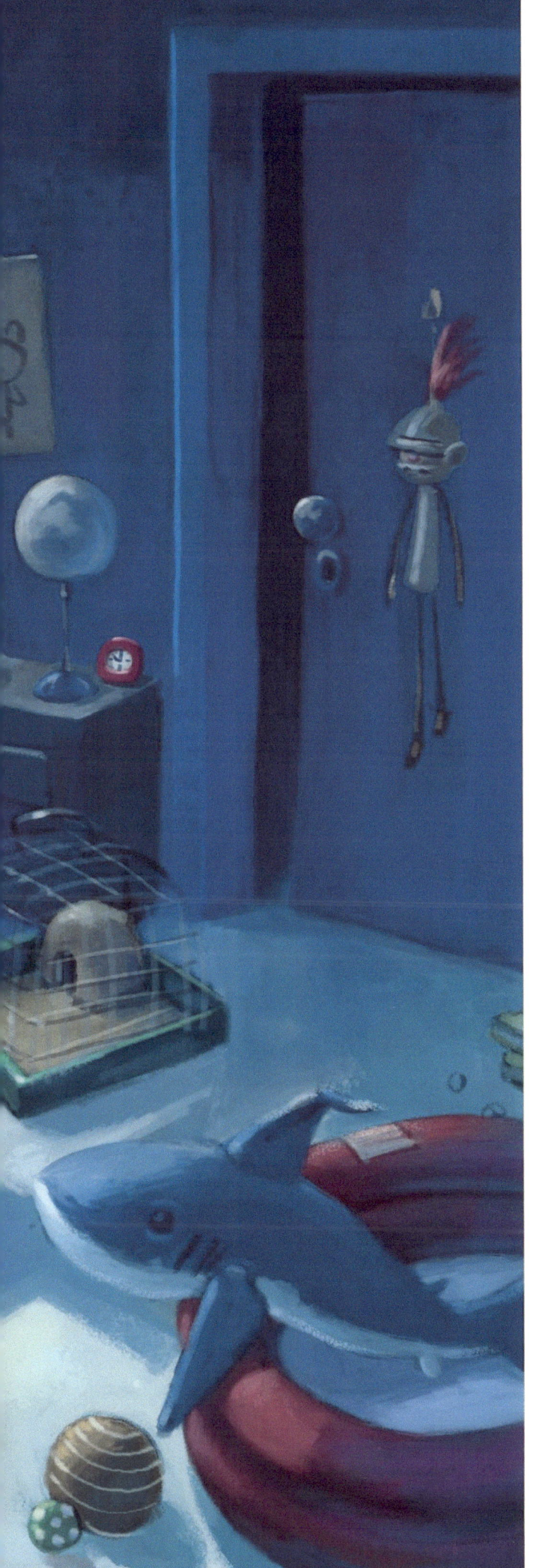

Lulu kan ikke falde i søvn. Alle de andre drømmer allerede – hajen, elefanten, den lille mus, dragen, kænguruen, ridderen, aben, piloten. Og løveungen. Også bamsen kan næsten ikke holde sine øjne åbne ...

Tager du mig med i din drøm, bamse?

Lulu no puede dormir. Todos los demás ya están soñando – el tiburón, el elefante, el ratoncito, el dragón, el canguro, el caballero, el mono, el piloto. Y el pequeño leoncito. Al osito también se le cierran casi los ojos ...

Oye osito, ¿me llevas contigo a tu sueño?

Og så er Lulu i bamsernes drømmeland. Bamsen fanger fisk i Tagayumisøen. Og Lulu undrer sig over, hvem der bor deroppe i træerne? Da drømmen er slut, vil Lulu opleve endnu mere. Kom med, vi skal på besøg hos hajen! Hvad den mon drømmer?

Y así está Lulu en el país de los sueños de los osos. El osito está pescando en el lago de Tagayumi. Y Lulu se pregunta, ¿quién vivirá arriba en los árboles?

Al terminar el sueño, Lulu quiere descubrir aún más cosas. ¡Ven conmigo, vamos a visitar al tiburón! ¿Qué estará soñando?

Hajen leger tagfat med fiskene. Endelig har den fået venner! De er ikke bange for dens skarpe tænder.

Da drømmen er slut, vil Lulu opleve endnu mere. Kom med, vi skal på besøg hos elefanten! Hvad den mon drømmer?

El tiburón está jugando a perseguir a los peces. ¡Por fin tiene amigos! Nadie tiene miedo de sus dientes puntiagudos.

Al terminar el sueño, Lulu quiere descubrir aún más cosas. ¡Venid con nosotros, vamos a visitar al elefante! ¿Qué estará soñando?

Elefanten er let som en fjer og kan flyve! Om lidt lander den på en himmelsk blomstereng.

Da drømmen er slut, vil Lulu opleve endnu mere. Kom med, vi skal på besøg hos den lille mus! Hvad den mon drømmer?

El elefante es tan ligero como una pluma y ¡puede volar! Está a punto de aterrizar en la pradera celestial.

Al terminar el sueño, Lulu quiere descubrir aún más cosas. ¡Venid con nosotros, vamos a visitar al ratoncito! ¿Qué estará soñando?

Den lille mus besøger Tivoli. Den kan bedst lide rutsjebanen.
Da drømmen er slut, vil Lulu opleve endnu mere. Kom med, vi skal på besøg hos dragen! Hvad den mon drømmer?

El ratoncito está mirando la feria. Lo que más le gusta es la montaña rusa. Al terminar el sueño, Lulu quiere descubrir aún más cosas. ¡Venid con nosotros, vamos a visitar al dragón! ¿Qué estará soñando?

Dragen er blevet helt tørstig af at spy ild. Den vil helst drikke hele limonadesøen.

Da drømmen er slut, vil Lulu opleve endnu mere. Kom med, vi skal på besøg hos kænguruen! Hvad den mon drømmer?

El dragón tiene sed de tanto escupir fuego. Le gustaría beberse todo el lago de limonada.

Al terminar el sueño, Lulu quiere descubrir aún más cosas. ¡Venid con nosotros, vamos a visitar al canguro! ¿Qué estará soñando?

Kænguruen hopper rundt i slikfabrikken og fylder sin pung helt op. Endnu flere blå bolsjer! Og flere slikkepinde! Og chokolade!

Da drømmen er slut, vil Lulu opleve endnu mere. Kom med, vi skal på besøg hos ridderen! Hvad han mon drømmer?

El canguro salta por la fábrica de dulces y llena toda su bolsa. ¡Más de los caramelos azules! ¡Y más piruletas! ¡Y chocolate!

Al terminar el sueño, Lulu quiere descubrir aún más cosas. ¡Venid con nosotros, vamos a visitar al caballero! ¿Qué estará soñando?

Ridderen leger lagkagekast med sin drømmeprinsesse. Åh! Lagkagen rammer ved siden af!

Da drømmen er slut, vil Lulu opleve endnu mere. Kom med, vi skal på besøg hos aben! Hvad den mon drømmer?

El caballero está teniendo una pelea de pasteles con la princesa de sus sueños. ¡Oh, no! ¡El pastel de crema ha ido en la dirección equivocada! Al terminar el sueño, Lulu quiere descubrir aún más cosas. ¡Venid con nosotros, vamos a visitar al mono! ¿Qué estará soñando?

Endelig har det sneet i abeland! Hele abebanden er ude og laver abestreger.

Da drømmen er slut, vil Lulu opleve endnu mere. Kom med, vi skal på besøg hos piloten! I hvilken drøm er han mon landet?

¡Por fin ha nevado en el país de los monos! Toda la banda de monos se ha vuelto loca y está haciendo tonterías.

Al terminar el sueño, Lulu quiere descubrir aún más cosas. ¡Venid con nosotros, vamos a visitar al piloto! ¿En qué sueño habrá aterrizado?

Piloten flyver og flyver. Lige til verdens ende og videre helt op til stjernerne. Det er der ikke nogen pilot der har gjort før.
Da drømmen er slut, er alle blevet meget trætte og vil slet ikke opleve så meget mere. Men de vil nu gerne besøge løveungen. Hvad den mon drømmer?

El piloto vuela y vuela. Hasta el fin del mundo y aún más allá, hasta las estrellas. Esto no lo ha conseguido ningún otro piloto.
Al terminar el sueño, están ya todos muy cansados y no desean descubrir mucho más. Pero aún quieren visitar al pequeño leoncito. ¿Qué estará soñando?

Løveungen har hjemve og vil tilbage til sin bløde og varme seng.
Og det vil de andre også.

Og så begynder ...

El pequeño leoncito tiene nostalgia y quiere volver a su cálida y acogedora cama.
Y los demás también.

Y ahí empieza ...

... Lulus
allersmukkeste drøm.

... el sueño más bonito
de Lulu.

Ulrich Renz • Marc Robitzky

De vilde svaner

Los cisnes salvajes

Oversættelse:

Pia Schmidt (dansk)

Marcos Canedo, Anouk Bödeker (spansk)

Lydbog og video:

www.sefa-bilingual.com/bonus

Gratis adgang med koden:

dansk: **WSDA1310**

spansk: **WSES1428**

Ulrich Renz · Marc Robitzky

De vilde svaner
Los cisnes salvajes

Efter et eventyr af

Hans Christian Andersen

dansk — tosproget — spansk

Der var engang tolv kongebørn – elleve brødre og deres storesøster, Elisa. De levede lykkeligt på et smukt slot.

Había una vez doce hijos de un rey – once hermanos y una hermana mayor, Elisa. Ellos vivían felices en un castillo hermoso.

Men en dag døde deres mor, og nogen tid senere giftede kongen sig igen. Den nye dronning var dog en ond heks. Hun fortryllede de elleve prinser, så de blev til svaner, og sendte dem langt bort til et fjernt land på den anden side af skoven.

Un día murió la madre y algún tiempo después, el rey se volvió a casar. Pero la nueva esposa era una bruja malvada. Convirtió a los once principes en cisnes y les mandó a un país muy lejano más allá del gran bosque.

Pigen klædte hun i laset tøj, og hendes ansigt smurte hun ind i en hæslig salve. Ikke engang hendes far kunne kende sin egen datter igen, og han jog hende bort fra slottet. Elisa løb ind i den mørke skov.

A la niña la vistió con harapos y le puso una crema fea en la cara, de manera que ni su propio padre la reconoció y la echó del castillo. Elisa corrió al bosque oscuro.

Nu var hun helt alene, og hun savnede sine forsvundne brødre af hele sit hjerte. Da det blev aften, redte hun sig en seng af mos under træerne.

Ahora estaba más sola que nunca y añoró con toda el alma a sus hermanitos desaparecidos. Cuando anocheció, se hizo una cama de musgo bajo los árboles.

Næste morgen kom hun hen til en stille sø og blev helt forskrækket, da hun så sit spejlbillede i vandet. Men da hun havde vasket sig, var hun det smukkeste kongebarn på jorden.

A la mañana siguiente siguiente llegó a un lago de aguas tranquilas y se asustó cuando vió su imagen reflejada en el agua. Pero después de haberse lavado, fue la princesa más linda bajo el sol.

Mange dage senere nåede hun frem til det store hav. På bølgerne gyngede elleve svanefjer.

Después de muchos días, Elisa llegó al gran mar. En las olas, once plumas de cisne se mecían.

Da solen gik ned, kunne man høre vingesus i luften og elleve svaner landede på vandet. Elisa genkendte straks sine fortryllede brødre. Men da de talte svanesprog, kunne hun ikke forstå dem.

Cuando se puso el sol, hubo un murmullo en el aire y once cisnes salvajes aterrizaron sobre el agua. Elisa reconoció inmediatamente a sus hermanos embrujados. Pero como hablaban el idioma de cisnes, ella no les podía entender.

Om dagen fløj svanerne bort, om natten lå de tolv søskende i en hule og klyngede sig til hinanden.

En nat havde Elisa en forunderlig drøm: Hendes mor fortalte hende, hvordan hun kunne forløse sine brødre. Hun skulle strikke en skjorte af brændenælder til hver svane og kaste skjorten over svanen. Men indtil da måtte hun ikke sige et ord, ellers ville hendes brødre dø.
Elisa gik straks i gang med arbejdet. Selv om hendes hænder sved som ild, strikkede hun ihærdigt videre.

De día los cisnes salían volando, de noche los hermanos y la hermana se acurrucaban los unos con los otros en una cueva.

Una noche, Elisa tuvo un sueño extraño: Su madre le dijo cómo podría liberar a sus hermanos. Tendría que tejer una camiseta de ortiga, una mala hierba con hojas punzantes, para cada uno de los cisnes y vestirles con ella. Pero hasta entonces no podría decir ni una palabra, de lo contrario sus hermanos morirían.
Elisa empezó de inmediato con su trabajo. Aunque sus manos le ardían como fuego, seguía tejiendo incansablemente.

En skønne dag hørte hun jagthorn i det fjerne. En prins kom ridende med sit følge og stod snart foran Elisa. Da deres blikke mødtes, blev de straks forelsket i hinanden.

Un día sonaron cornetas de caza a lo lejos. Un príncipe llegó con su séquito y de pronto estuvo frente a ella. Cuando los dos se miraron a los ojos, se enamoraron.

Prinsen løftede Elisa op på sin hest og red hjem til sit slot sammen med hende.

El príncipe levantó a Elisa en su caballo y cabalgó con ella hasta su castillo.

Den mægtige skatmester var ikke særligt begejstret for den tavse skønheds ankomst. Han havde udset sin egen datter til at blive prinsens brud.

El poderoso tesorero estaba de todo menos contento con la llegada de la bella princesa silenciosa. Pues su propia hija debía ser la novia del principe.

Elisa havde ikke glemt sine brødre. Hver aften arbejdede hun videre på deres skjorter. En nat gik hun ud til kirkegården, for at hente friske brændenælder. Skatmesteren holdt i hemmelighed øje med hende.

Elisa no había olvidado a sus hermanitos. Cada noche seguía trabajando en las camisetas. Una noche se fue al cementerio para buscar ortigas frescas. En esto, el tesorero le observó en secreto.

Så snart prinsen tog på jagt igen, fik skatmesteren smidt Elisa i fangehullet. Han påstod, at hun var en heks, som mødtes med andre hekse om natten.

Tan pronto como el principe fue de cacería, el tesorero hizo meter en el calabozo a Elisa. Afirmó que era una bruja que se reunía con otras brujas por las noches.

Ved daggry blev Elisa hentet af vagterne. Hun skulle brændes på torvet.

En la madrugada, Elisa fue recogida por los guardias. Debía ser quemada en la plaza principal.

De var lige nået dertil, da elleve hvide svaner pludseligt kom flyvende. Elisa skyndte sig at kaste en nældeskjorte over hver svane. Med ét stod alle elleve brødre foran hende igen. Kun den mindste bror, hvis skjorte ikke var blevet helt færdigt, beholdt en vinge i stedet for sin arm.

En cuanto llegó ahí, once cisnes blancos se acercaron volando. Rápidamente Elisa les lanzó las camisetas vistiendolos. De pronto todos sus hermanos se encontraban frente a ella en su forma humana. Solo el menor, cuya camiseta no estaba del todo terminada, se quedó con una ala en lugar de un brazo.

De tolv søskende kyssede og krammede hinanden, da prinsen kom tilbage. Endelig kunne Elisa forklare ham alt. Prinsen lod den onde skatmester smide i fangehullet. Så blev der holdt bryllup i syv dage.

Og de levede lykkeligt til deres dages ende.

Las caricias y besos todavía no habían acabado cuando el principe regresó. Por fin Elisa le pudo explicar todo. El principe hizo meter en el calabozo al malvado tesorero. Y luego, se celebró la boda por siete días.

Y vivieron felices y comieron perdices.

Hans Christian Andersen

Hans Christian Andersen blev født 1805 i Odense og døde i 1875 i København. Med sine smukke eventyr "Den lille havfrue", "Kejserens nye klæder" eller "Den grimme ælling" blev han verdensberømt. Eventyret "De vilde svaner", blev offentliggjort i 1838. Det er efterfølgende blevet oversat til over hundrede sprog og genfortalt i mange versioner bl.a. til teater, film og musicals.

Barbara Brinkmann blev født 1969 i München og er opvokset i Bayern. Hun har læst til arkitekt i München og arbejder i dag på Technische Universität i München på fakultetet for arkitektur. Ved siden af arbejder hun som selvstændig grafiker, illustrator og forfatter.

Cornelia Haas blev født 1972 i Ichenhausen ved Augsburg (Tyskland). Hun har læst til designer på Fachhochschule Münster. Siden 2001 har hun illustreret børne- og ungdomsbøger og siden 2013 underviser hun i akryl- og digitalt maleri på Fachhochschule Münster.

Marc Robitzky blev født i 1973 og har læst på Technische Kunstschule i Hamborg og Academy of Visual Arts i Frankfurt. Han arbejder freelance som illustrator og kommunikationsdesigner i Aschaffenburg (Tyskland).

Ulrich Renz blev født 1960 i Stuttgart (Tyskland). Han har læst fransk litteratur i Paris og medicin i Lübeck, derefter arbejdede han på et videnskabeligt forlag. I dag er Renz forfatter og skriver fagbøger samt børne- og ungdomsbøger.

Kan du godt lide at tegne?

Her finder du billeder fra historien som du selv kan farvelægge:

www.sefa-bilingual.com/coloring